Cuenta LOS INSECTOS

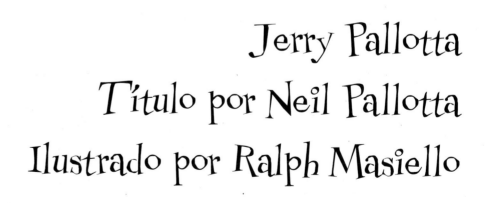

Jerry Pallotta

Título por Neil Pallotta

Ilustrado por Ralph Masiello

Charlesbridge

Este libro está dedicado a Edward G. Taylor.
—J. P.

Por Stephanie, Ben, y Sam.
—R. M.

Published by Charlesbridge
85 Main Street
Watertown, MA 02472
(617) 926-0329
www.charlesbridge.com

Library of Congress Catalog Card Number 93-70041
ISBN-13: 978-0-88106-419-3 (softcover)
ISBN-10: 0-88106-419-X (softcover)
Printed in Korea
(sc) 10 9 8 7 6 5 4 3

Books by Jerry Pallotta and Ralph Masiello:
The Dinosaur Alphabet Book
The Extinct Alphabet Book
The Frog Alphabet Book
The Icky Bug Alphabet Book
The Skull Alphabet Book
The Yucky Reptile Alphabet Book
The Icky Bug Counting Book

A pesar de que popularmente se consideran insectos ("bugs")
los animalitos aquí descritos, en realidad solamente la chinche
("stinkbug"), el chupasangre ("kissing bug"), el saltador
roblero ("oak tree hopper") y la cicada son verdaderos insectos.
La centolla o araña del mar y la típula ("daddy longlegs") son
arácnidos. El milpiés o cardador es un diplópodo. La cochinilla
("pillbug") pertenece a los crustáceos. Los demás z
animalitos del libro son insectos genuinos.

Gracias al "Icky Bug Man."

0 cero

Casi todos los libros de contar empiezan con el número uno. Este libro empieza con el cero. Cero es un número. En esta página hay cero insectos.

1 uno

Aquí hay una Mariposa Cebra Cola de Golondrina posada en una flor. Las mariposas prueban las cosas con sus patas. ¿Te imaginas si la gente probara los helados con los pies?

dos

Las moscas vuelan muy bien.
En esta página hay dos
Moscas Chaquetas Amarillas.
Fácilmente se les confunden con Avispas
Chaquetas Amarillas, pero las Moscas
Chaquetas Amarillas no pican.

3 tres

Sobre una rama buscando
insectos para comer, caminan tres
Arañas Cangrejos "Elegantes." Es increíble que
alguien haya dado el nombre de elegante a una araña.
Todas las arañas tienen ocho patas, y casi todas tienen ocho ojos.

cuatro

4

Cuatro Avispas Papeleras hacen su nido. Las Avispas Papeleras mastican astillas de madera. Las mastican hasta obtener una blanda y pulposa masa que usan para construir su nido de papel. Miles de años antes de que la gente aprendiera a hacerlo, las avispas fabricaban papel.

5 cinco

Las mariposas descansan con sus alas hacia arriba. Aquí tenemos cinco Mariposas Virrey. Los pájaros no se comen a estas deliciosas mariposas porque son casi idénticas a las Mariposas Monarca que tienen un sabor amargo. A mí no me gustaría comer una de esas mariposas, ¿y a ti?

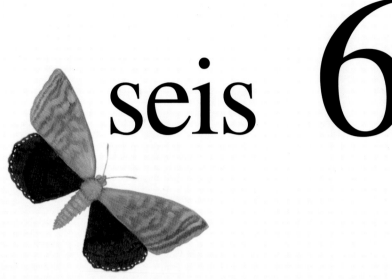

seis 6

Son difíciles de ver, pero en esta página hay seis Catocalas Nuptas. Estas mariposas nocturnas se esconden en la corteza de los árboles gracias al color de sus alas. De vez en cuando, enseñan sus brillantes alas posteriores. Todas las mariposas nocturnas descansan con sus alas hacia abajo.

7

siete

Es hora de contar. Uno, dos, tres, cuatro, cinco, seis, siete. Aquí hay siete Hormigas Mandíbula Gigante. ¡Ay! ¡Ay! ¡Ay! Capturan a otros insectos con sus enormes mandíbulas.

ocho 8

Ocho Chinches Hediondas suben por estas
ramas. Si una persona levanta una Chinche
Hedionda, ¡le va a apestar la mano!
Chinche Hedionda es un nombre
perfecto para estos insectos apestosos.

9

nueve

Nueve Pintorescos Escarabajos del
Algodoncillo caminan sobre estas
hojas. Estos escarabajos ponen sus
huevos en la planta del algodoncillo.
Miles y miles de diferentes tipos de
escarabajos viven por todo el mundo.

diez

10

Hay un viejo dicho que dice: "Todos quieren ser mariposa, pero nadie quiere ser oruga." Todas las mariposas fueron orugas antes de ser mariposas. En esta página hay diez Orugas de Ninfálida. Se transformarán en diez Mariposas Ninfálidas.

11 once

Las Cochinillas son animalitos del tipo crustáceo, al igual que las langostas y los cangrejos. Si tocas a una Cochinilla se enrosca en forma de pelotita. Las Cochinillas también se parecen a armadillos en miniatura.

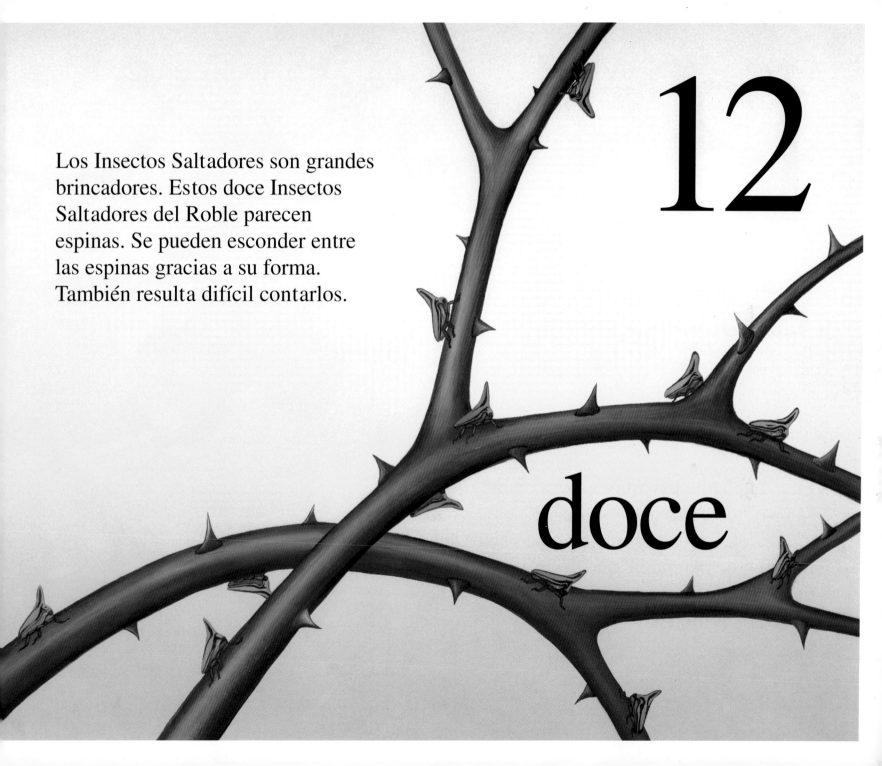

Los Insectos Saltadores son grandes brincadores. Estos doce Insectos Saltadores del Roble parecen espinas. Se pueden esconder entre las espinas gracias a su forma. También resulta difícil contarlos.

12

doce

13
trece

En esta página hay trece Gorgojos Belloteros.
Los gorgojos son insectos que tienen las bocas
muy largas. Mucha gente ha oído hablar del
Gorgojo del Algodón, que destruye la cosecha
del algodón. Poca gente ha oído hablar de los
Gorgojos Belloteros.

catorce

14

Catorce Milpiés están correteando. A los jardineros les gustan los Milpiés porque mastican la madera y la convierten en alimento para las plantas. En realidad los Milpiés no tienen mil patas, pero sí tienen muchas.

15
quince

Uno,
dos, tres,
cuatro, cinco,
seis, siete, ocho,
nueve, diez, once,
doce, trece, catorce, quince
Escarabajos Longicornios. En
realidad no tienen cuernos, tienen
antenas muy largas. ¡Sería muy cómico si
las vacas tuvieran antenas en lugar de cuernos!

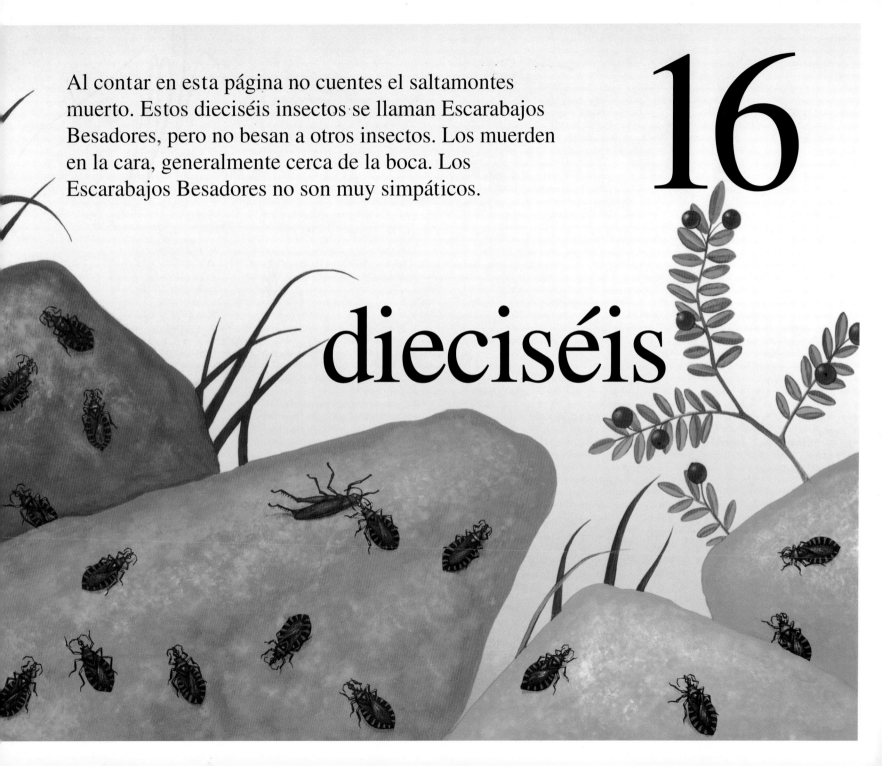

Al contar en esta página no cuentes el saltamontes muerto. Estos dieciséis insectos se llaman Escarabajos Besadores, pero no besan a otros insectos. Los muerden en la cara, generalmente cerca de la boca. Los Escarabajos Besadores no son muy simpáticos.

16

dieciséis

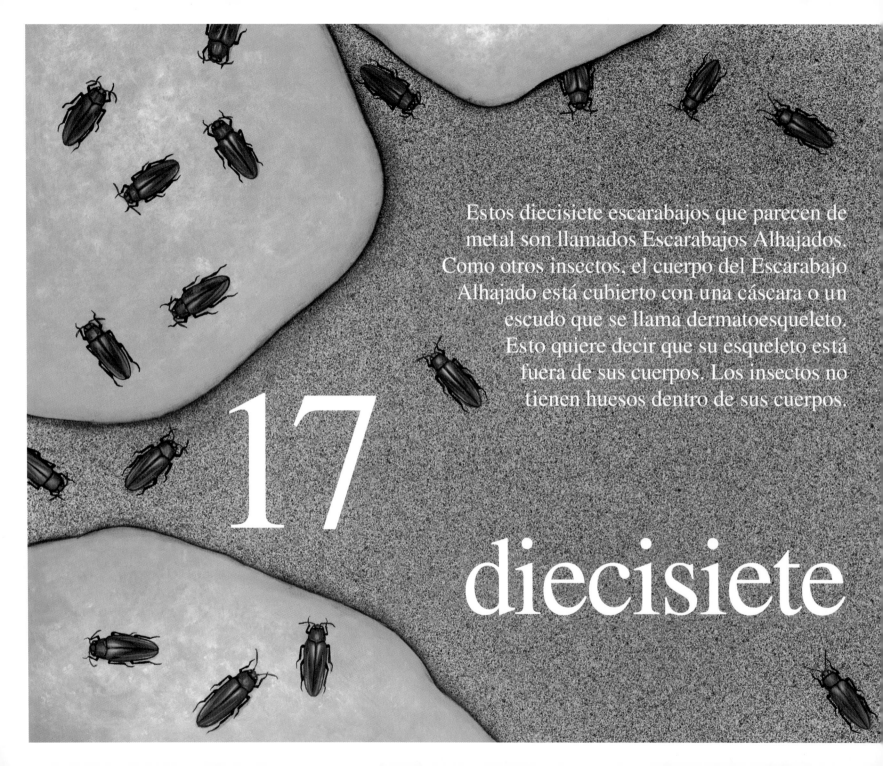

Estos diecisiete escarabajos que parecen de metal son llamados Escarabajos Alhajados. Como otros insectos, el cuerpo del Escarabajo Alhajado está cubierto con una cáscara o un escudo que se llama dermatoesqueleto. Esto quiere decir que su esqueleto está fuera de sus cuerpos. Los insectos no tienen huesos dentro de sus cuerpos.

17

diecisiete

dieciocho  18

Aquí hay dieciocho Escarabajos Acorazados.
De seguro les dieron ese nombre porque
tienen el cuerpo muy duro. Sus cuerpos
blancos con puntos negros se parecen
a los perros llamados Dálmatas.

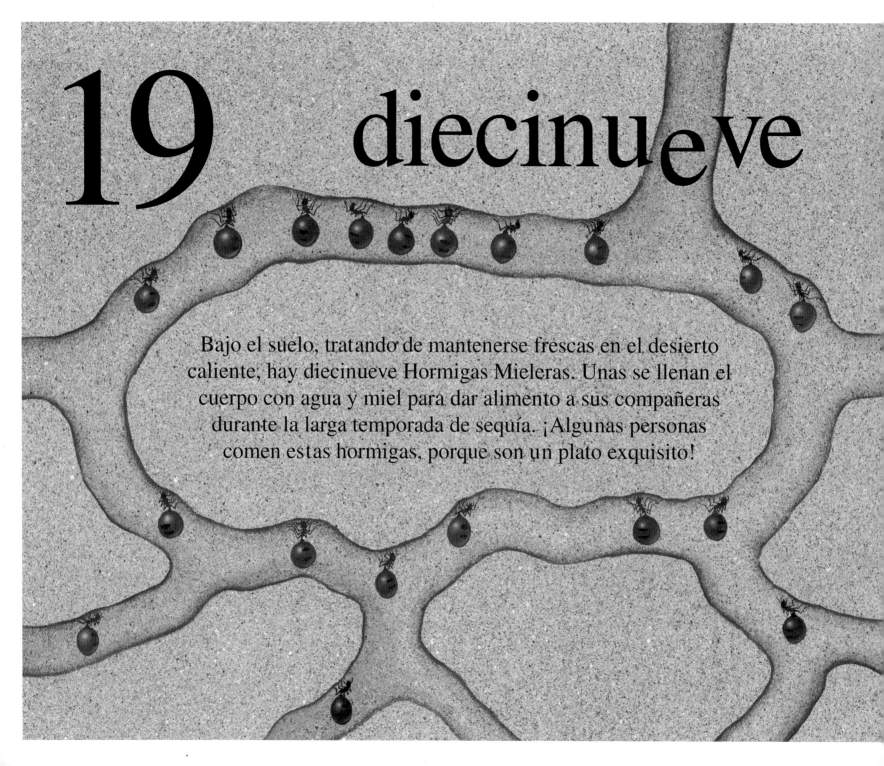

19 diecinueve

Bajo el suelo, tratando de mantenerse frescas en el desierto caliente, hay diecinueve Hormigas Mieleras. Unas se llenan el cuerpo con agua y miel para dar alimento a sus compañeras durante la larga temporada de sequía. ¡Algunas personas comen estas hormigas, porque son un plato exquisito!

Aquí hay veinte Luciérnagas alumbrando la noche. También se les llama Gusano de Luz, pero no son gusanos. Hace años se le daba el nombre de gusano a todo insecto que era largo como la lombriz. En realidad estas Luciérnagas son escarabajos.

20

veinte

veintiuno

21

¿Cómo se coló este perro en este libro?
Este Sétter Irlandés tiene veintiun Pulgas.
No puedes contarlas porque las Pulgas son
tan pequeñas que son difíciles de encontrar.
A este perro se le debe dar un baño y ponerle
un collar contra las pulgas.

veintidós

22

Veintidós Cocuyos o Tucu-tucos están en esta página.
Cuando los Cocuyos caen de espaldas pueden arquear
sus cuerpos y con un rápido movimiento saltar en el aire en
una vuelta completa y caer de pie. Al hacer sus maromas
hacen un ruido que se oye como tucu-tocu. Unos pueden
saltar en el aire cinco u ocho centímetros.

23

veintitrés

¿Puedes contar veintitrés
Segadores en esta página?
Aunque estas criaturas
tienen ocho patas,
no son arañas.

24

veinticuatro

Las Cigarras son los insectos más ruidosos del mundo. Su "canto" se puede oír a casi medio kilómetro de distancia. Las veinticuatro Cigarras en esta página son Cigarras Periódicas. Se mantienen bajo tierra por diecisiete años. Tal vez deberían de estar en la página 17. No te olvides de contar las que todavía están bajo tierra.

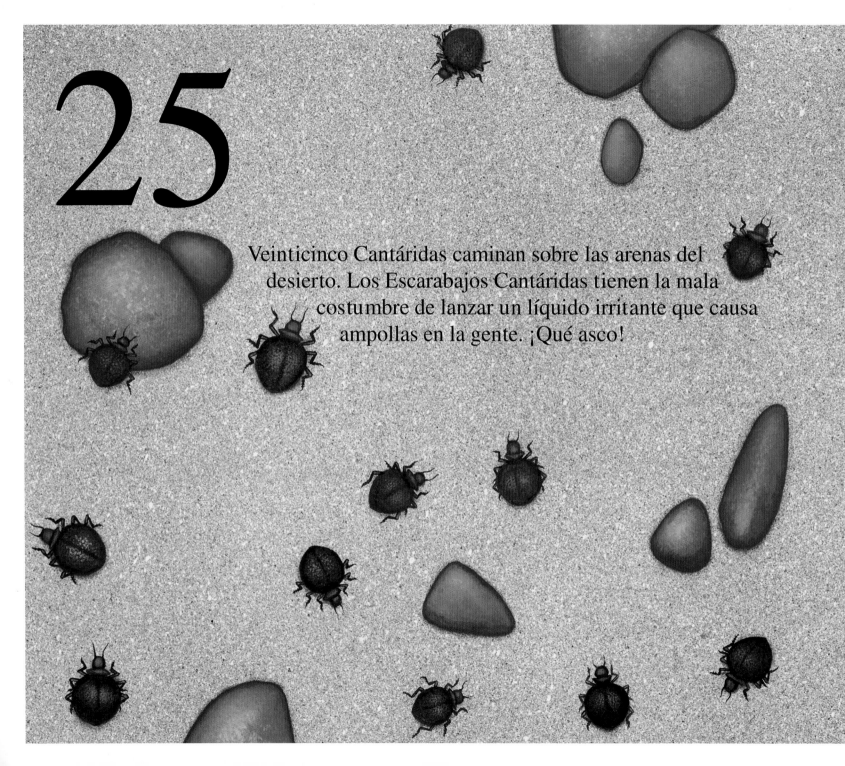

25

Veinticinco Cantáridas caminan sobre las arenas del desierto. Los Escarabajos Cantáridas tienen la mala costumbre de lanzar un líquido irritante que causa ampollas en la gente. ¡Qué asco!

veinticinco

Bueno, en realidad las Cantáridas no son tan malas.
Algunas se usan para hacer medicinas
que ayudan a la gente.

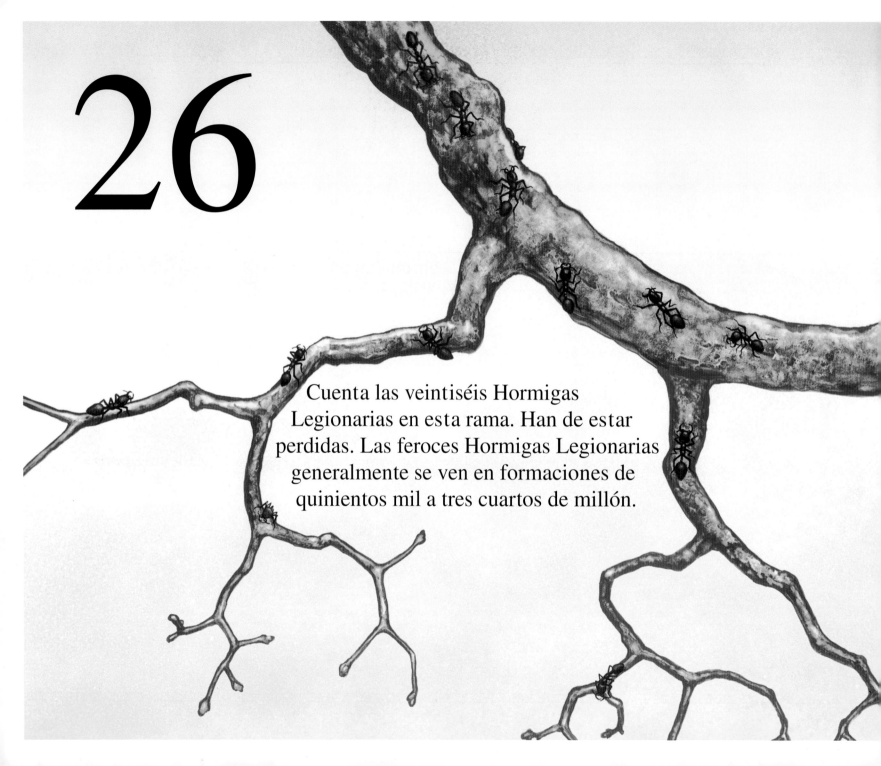

26

Cuenta las veintiséis Hormigas Legionarias en esta rama. Han de estar perdidas. Las feroces Hormigas Legionarias generalmente se ven en formaciones de quinientos mil a tres cuartos de millón.

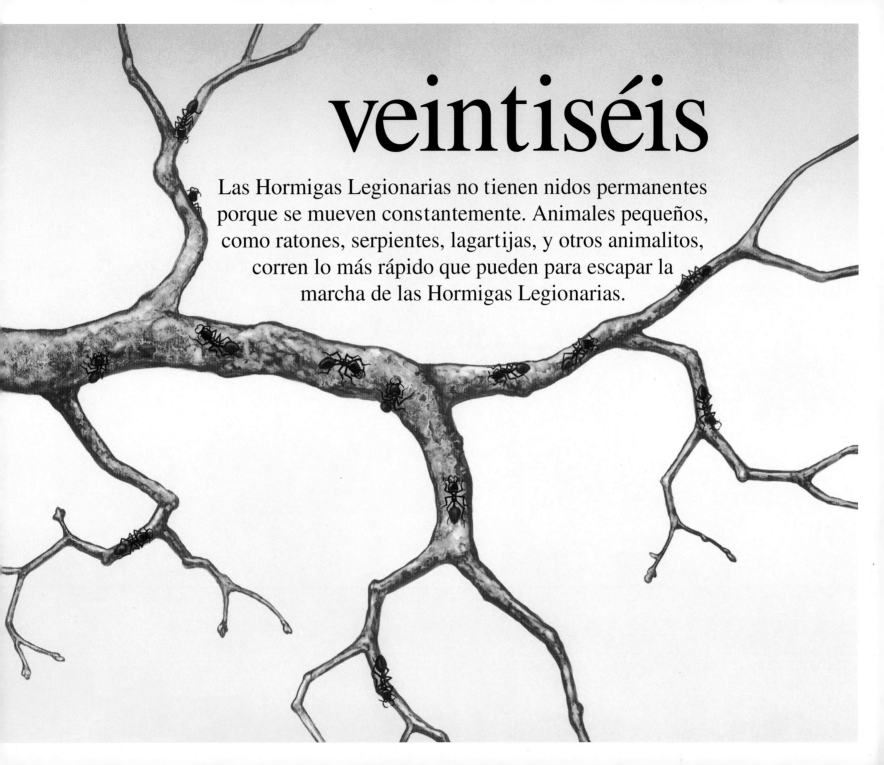

veintiséis

Las Hormigas Legionarias no tienen nidos permanentes porque se mueven constantemente. Animales pequeños, como ratones, serpientes, lagartijas, y otros animalitos, corren lo más rápido que pueden para escapar la marcha de las Hormigas Legionarias.

A propósito, esta mariposa se llama la Mariposa
Ochenta y Ocho. De veras tiene un ochenta y
ocho en la parte inferior de sus alas. La Ochenta
y Ocho es un insecto perfecto para el libro
Cuenta los insectos.